RÉPUBLIQUE FRANÇAISE

DÉPARTEMENT DE L'AUBE

SERVICE VICINAL

Chemins d'Intérêt commun

RÈGLEMENT

pour le

SERVICE DES CANTONNIERS

TROYES

IMPRIMERIE TROYENNE

8 bis, Place de l'Hôtel-de-Ville

1924

CHEMINS D'INTÉRÊT COMMUN

RÈGLEMENT

POUR LE

Service des Cantonniers

CHAPITRE PREMIER

Objet du Service. — Organisation

ARTICLE PREMIER. — Définition du service des Cantonniers. — Les Cantonniers sont des ouvriers chargés des travaux de main-d'œuvre relatifs à l'entretien des chemins vicinaux ; chacun d'eux est plus particulièrement attaché à une certaine étendue de chemin qui prend le nom de *canton.* Ils sont placés sous la surveillance directe des Chefs Cantonniers.

Pour tout ce qui a rapport à leur service, ils doivent obéissance aux Agents Voyers et sont soumis à la haute surveillance des Maires.

ART. 2. — Nomination. — Les Cantonniers sont nommés par le Préfet, sur la proposition de l'Agent Voyer en Chef.

ART. 3. — Conditions d'admission. — Pour être nommé Cantonnier, il faut :

1° Avoir satisfait aux lois sur le recrutement et être âgé de moins de 35 ans ; toutefois, la limite d'âge est reportée à 45 ans pour les candidats qui sont entrés avant 35 ans au service des chemins vicinaux ordinaires ;

2° N'être atteint d'aucune infirmité qui puisse s'opposer à un travail journalier et assidu ;

3° Avoir travaillé dans des ateliers de construction ou de réparation de routes ou chemins pendant trois mois au moins ;

4° Savoir lire, écrire et calculer ;

5° Adresser au Préfet ou au Sous-Préfet, une demande écrite sur papier timbré et y joindre un certificat de moralité émanant du Maire de la commune de sa résidence, ainsi que des bulletins ou des extraits de son acte de naissance, de celui de sa femme et de leur acte de mariage, délivrés gratuitement sur papier libre pour servir à la Caisse Nationale des Retraites pour la Vieillesse (art. 24 de la loi du 20 juillet 1886).

Ultérieurement, le postulant doit rembourser le coût de l'extrait de son casier judiciaire qui est demandé par l'Agent Voyer d'arrondissement et délivré à titre de renseignement administratif. (Bulletin n° 2).

ART. 4. — Chefs Cantonniers. — Les Chefs Cantonniers sont choisis parmi les Cantonniers qui se sont distingués par leur travail, leur zèle, leur bonne conduite, leur intelligence et leur instruction. Nommés par le Préfet, sur la proposition de l'Agent Voyer en chef, ils sont placés sous la direction immédiate des Agents Voyers cantonaux et sont soumis à la haute surveillance des Maires auxquels ils doivent toute déférence.

L'action des Chefs Cantonniers s'exerce sur une étendue déterminée de chemins d'intérêt commun et sur les chemins vicinaux ordinaires d'un certain nombre de communes environnantes ; l'ensemble de ce service prend le nom de *cantonnement*.

Ils sont chargés, en outre, d'entretenir personnellement un canton de longueur assez réduite pour qu'il leur soit possible de vaquer aux devoirs qui leur sont imposés, et il leur est expressément interdit de se faire suppléer par les Cantonniers sans l'autorisation de l'Agent Voyer Cantonal.

Ils accompagnent les Agents Voyers dans leurs tournées et veillent ensuite à ce que les ordres donnés soient ponctuellement exécutés. A cet effet, ils parcourent toute l'étendue de leur cantonnement au moins une fois par semaine, en variant les jours et heures de leurs visites, de façon à s'assurer de la présence constante des Cantonniers qu'ils guident, dirigent et conseillent en travaillant momentanément avec eux. Ils vérifient la nature et les quantités de travail que les Cantonniers ont inscrites sur leur livret et y consignent leurs observations, ainsi que les ordres et instructions qu'ils donnent.

Ils dressent les bulletins de convocation de la prestation

qu'ils soumettent à l'Agent Voyer cantonal, surveillent l'exécution des travaux et en préparent, la réception ; ils assurent l'exécution des prestations à la journée, ils la dirigent et la surveillent avec l'aide des Cantonniers.

Ils concourent à prévenir et à réprimer les anticipations sur le sol des chemins, les contraventions et tous délits de voirie qu'ils signalent sans retard à leur chef immédiat.

A la fin de chaque semaine, ils produisent à l'Agent Voyer Cantonal un compte détaillé de l'emploi de leur temps, des ordres qu'ils ont donnés aux Cantonniers et des constatations qu'ils ont faites pendant le cours de chaque tournée ; ils font connaître l'état de viabilité des chemins et renseignent sur l'état d'avancement des travaux à exécuter par la prestation et par les entrepreneurs.

Les Chefs Cantonniers utilisant un vélocipède pour les besoins du service et, de ce fait, recevant une indemnité spéciale, devront entretenir leur machine en bon état, de façon à pouvoir l'utiliser constamment pour leur service journalier et pour accompagner les Agents Voyers dans leurs tournées.

ART. 5. — Signes distinctifs des Cantonniers et des Chefs Cantonniers. — Les Cantonniers portent à leur coiffure une plaque en cuivre dans laquelle est découpé le mot ; *Cantonnier*.

Ils ont, en outre, un guidon formé d'une tige en fer garnie au sommet d'une plaque indiquant le numéro du canton. Ce guidon est toujours planté sur le chemin, à moins de cent mètres de distance de l'endroit où travaille le Cantonnier ; si le canton s'étend sur deux chemins, le guidon est planté sur la direction où le Cantonnier est occupé, et à 10 mètres du point d'intersection des chemins.

Les Chefs Cantonniers portent à leur coiffure un écusson en drap sur lequel figurent, en broderie de laine, les lettres C. C.

Ces insignes et le guidon sont fournis par l'Administration.

ART. 6. — Livret des Cantonniers et carnet des Chefs Cantonniers. — Chaque Cantonnier est pourvu d'un livret destiné à recevoir les notes de ses chefs sur son travail et sur sa conduite, les instructions et les ordres qui lui sont donnés et, s'il y a lieu, l'indication des tâches qui lui sont imposées. Il y inscrit tous les soirs, dans la partie à ce destinée, la nature et la quantité du travail qu'il a exécuté dans la journée, et fait connaître s'il a été accompagné d'un auxiliaire à prix d'argent ou prestataire. Il est toujours porteur de ce livret, de façon à pouvoir le présenter, sans délai, aux Agents chargés de la surveillance du chemin ; il ne doit s'en dessaisir que sur un ordre écrit de l'Agent Voyer.

Le Chef Cantonnier reçoit tous les ans un carnet de service sur lequel il inscrit, jour par jour, l'emploi de son temps, les constatations qu'il fait dans ses tournées et les notes et renseignements qui lui sont nécessaires pour dresser son compte rendu hebdomadaire et son rapport de fin de mois.

Les ordres et renseignements consignés sur le livret du Cantonnier et sur le carnet du Chef Cantonnier sont toujours inscrits à l'encre.

CHAPITRE II

Dispositions générales

ART. 7. — Travail des Cantonniers. — Les Cantonniers se conforment ponctuellement aux ordres qui leur sont donnés pour la succession des travaux à faire et pour la manière de les exécuter.

Leur travail consiste, d'une manière générale, à ébouer, réparer et entretenir la chaussée, à dresser et approprier les accotements, talus et banquettes, en utilisant au besoin la charrue spéciale qu'ils devront diriger eux-mêmes, à assurer l'écoulement des eaux, à casser les matériaux d'entretien qui ne doivent pas l'être par l'entrepreneur, à écarter les neiges, à casser et enlever les glaces, à répandre du sable ou des gravats quelconques sur les parties de chaussées recouvertes de verglas et surtout sur les ponts à platelage en bois, à veiller à la conservation des ouvrages d'art, bornes, poteaux et plaques, à soigner les plantations, à époudrer les chaussées et ramasser les pierres errantes pendant les périodes de sécheresse, en un mot, à maintenir constamment la circulation libre et facile.

ART. 8. — Tâches à remplir. — Pour exciter et soutenir l'activité des Cantonniers, les Agents Voyers leur assignent des tâches à remplir dans un temps donné toutes les fois que les circonstances locales le permettent ou l'exigent.

L'indication sommaire de ces tâches est inscrite sur la partie du livret réservée aux ordres de service.

Les travaux ainsi prescrits sont un des principaux objets de la surveillance des chefs immédiats des Cantonniers.

ART. 9, — Fixation des heures de travail et de repos. — La durée de la journée de travail des Cantonniers et les heures de repos sont fixées comme il suit :

DÉSIGNATION DES MOIS	DURÉE DU TRAVAIL JOURNALIER	HEURES DE REPOS
Janvier Novembre Décembre	de 7 h. 1/4 à 11 h. 1/2 et de 13 h. à 16 h. 3/4	
Février Octobre	de 6 h. 3/4 à 11 h. 1/2 et de 13 h. à 17 h. 1/4	de 11 h. 1/2 à 13 h.
Mars	de 6 h. 1/2 à 11 h. 1/2 et de 13 h. à 18 h.	
Avril Mai Septembre	de 6 h. à 11 h. et de 13 h. à 18 h.	de 11 h. à 13 h.
Juin Juillet Août	de 5 h. 1/2 à 8 h. de 8 h. 1/2 à 11 h. de 13 h. à 16 h. de 16 h. 1/2 à 18 h. 1/2	de 8 h. à 8 h. 1/2 de 11 h. à 13 h. de 16 h. à 16 h. 1/2

Les repas sont pris sur le chemin pendant les heures de repos. Si, en cas de mauvais temps, le Cantonnier prend son repas dans une maison voisine du chemin sur lequel il est occupé, il placera son guidon à proximité du lieu où il s'est réfugié.

Les Cantonniers et Chefs Cantonniers momentanément attachés à un chantier suivent les heures de travail et de repos de ce chantier, alors même qu'elles diffèrent de celles qui sont indiquées au présent article.

ART. 10. — Déplacement des cantonniers. — Les Cantonniers peuvent être déplacés, soit isolément, soit en brigades, lorsque les besoins du service l'exigent, pour être dirigés sur les points qui leur sont indiqués, mais ces déplacements n'ont lieu que sur un ordre donné par l'Agent Voyer Cantonal et transcrit sur le livret de chacun.

ART. 11. — Présence obligée des Cantonniers en temps de pluie, de neige, etc. — Les pluies, les neiges et autres intempéries ne peuvent être un prétexte d'absence pour les Cantonniers ; ils doivent même, dans ces cas, redoubler de zèle et d'activité pour prévenir les dégradations et assurer une viabilité constante dans toute l'étendue de léur canton. Ils doivent être vêtus en conséquence et ne peuvent se mettre à couvert que pendant les orages violents, les pluies diluviennes ou les tourmentes de neige qui rendent tout travail absolument impossible ; ils sont autorisés à se faire des abris fixes ou portatifs, qui n'embarrassent ni la voie publique ni les propriétés riveraines et qui soient en vue et à proximité du chemin pour qu'on puisse toujours constater la présence de ces ouvriers.

ART. 12. — Assistance gratuite aux Voyageurs. — Les Cantonniers doivent porter, gratuitement, aide et assistance aux automobilistes, voituriers et voyageurs, mais seulement dans les cas d'accidents.

ART. 13. — Surveillance en matière de police de la voirie. — Pour prévenir, autant que possible, les infractions à la police de la voirie, les Cantonniers doivent engager à se mettre en règle les riverains qui se disposeraient à exécuter des travaux sans permission, sur ou joignant la voie publique.

Ils doivent signaler sans retard, à leurs Chefs, les travaux, installations, réparations, constructions, plantations et dépôts de matériaux qui seraient faits, sans autorisation, dans l'étendue de leur canton, ainsi que les autres contraventions, telles que dégradations, anticipations, etc.

ART. 14. — Outils dont les Cantonniers doivent se pourvoir. — Moyennant l'allocation prévue par l'article 39, chaque Cantonnier doit se procurer obligatoirement les outils ou instruments suivants :

1° Une brouette ;

2° Une pelle en fer ;

3° Un outil dit *tournée*, formant pioche d'un côté et pic de l'autre ;

4° Un rabot en fer ;

5° Un râteau en fer ;

6° Une masse en fer ;

7° Un cordeau de 20 mètres avec ses piquets ;

8° Une faulx.

ART. 15. — Outils à fournir par l'Administration. — Il pourra être remis à chaque Cantonnier un anneau de fer de six centimètres de diamètre, pour qu'il puisse reconnaître si le cassage de la pierre est convenablement effectué ; il lui sera remis également, s'il y a lieu, divers autres outils tels que balais, racloirs, pilons, lunettes métalliques, etc. Les Chefs Cantonniers reçoivent, de leur côté, une roulette décamétrique et une chaîne d'arpenteur.

Chaque intéressé est responsable de la conservation de ces divers objets dont l'énumération est donnée par l'extrait d'inventaire inséré aux dernières pages de son livret.

ART. 16. — Utilisation des lunettes métalliques. — Lorsque le Cantonnier cassera des matériaux, il devra toujours se garantir les yeux à l'aide de lunettes métalliques. S'il est trouvé en défaut à ce sujet, les punitions prévues par l'article 22 lui seront rigoureusement infligées.

ART. 17. — Entretien des outils. — Les Cantonniers veillent à ce que leurs outils soient toujours en bon état d'entretien et ne doivent les utiliser que pour les besoins du service. Les frais d'entretien et de réparation de ces outils sont à la charge de l'Administration, sauf dans le cas de négligence constatée.

En principe, les outils ne doivent être portés à la réparation qu'en dehors des heures de travail, à moins d'une autorisation formelle ; la nécessité de remettre ses outils en état, ne peut en aucun cas être invoquée par un Cantonnier pour justifier son absence sur le chantier.

ART. 18. — Constatations des absences des Cantonniers. — Les absences et les négligences des Cantonniers sont constatées par les Chefs Cantonniers, les Agents Voyers et les Maires des communes ; elles sont consignées au livret.

ART. 19. — Jours de repos. — Sont considérés comme jours de repos pour les Cantonniers, les dimanches et jours fériés ci-après :

Le 1er janvier ;
Le lundi de Pâques ;
Le lundi de la Pentecôte ;
Le jour de l'Ascension ;
Le jour de la Fête Nationale ;
Le lendemain de cette Fête, lorsqu'elle tombe un dimanche;
Le 15 août ;
Le 1er novembre ;
Le 11 novembre ;
Le 25 décembre.

Toutefois en cas d'accident, de neige, verglas, inondations ou de toute autre nécessité de service, les Cantonniers peuvent être requis de rester à leur poste pendant les jours de repos et, pour chaque journée ainsi faite, ils recevront, en sus du salaire et des indemnités qui leur sont normalement dus par jour ouvrable, une allocation spéciale de 2 fr. pour les Cantonniers et de 2 fr. 50 pour les Chefs Cantonniers.

Ceux de ces ouvriers qui en feront la demande auront droit, dans la huitaine, à un congé compensateur d'une journée non rétribuée.

ART. 20. — Congés accordés ou imposés. — Au moment de la bonne saison, un congé annuel de trois mois, sans salaire, est imposé aux Cantonniers, mais l'Administration se réserve la faculté d'augmenter ou de diminuer, dans certains cas particuliers, la durée de ce congé obligatoire.

Lorsque le chemin est en bon état et que les besoins du service le permettent, les Cantonniers et Chefs Cantonniers peuvent obtenir des permissions d'absence qui seront accordées par l'Agent Voyer Cantonal si leur durée ne dépasse pas six jours ou par l'Agent Voyer d'arrondissement si leur durée est plus longue.

Afin de permettre aux Cantonniers et Chefs Cantonniers d'accomplir, sans dommage pour eux, les divers actes de la vie familiale et sociale qu'ils sont appelés à remplir, ces congés sont rétribués annuellement jusqu'à concurrence d'un total de jours ouvrables égal au nombre de mois de travail prévu au budget pour chaque intéressé et toute fraction supérieure à dix jours de travail sera comptée pour un mois.

Tout Cantonnier ou Chef Cantonnier ayant déclaré vouloir acquitter en nature les prestations auxquelles il est imposé, doit demander un congé d'un, deux ou trois jours pour exécuter, s'il le juge convenable, les travaux qui lui sont demandés.

ART. 21. — Cantonniers malades. — Lorsque, pour cause de maladie, un Cantonnier est obligé d'interrompre son travail, il en prévient immédiatement le Chef Cantonnier ; celui-ci en informe aussitôt l'Agent Voyer Cantonal qui prend les mesures nécessaires pour que la viabilité du chemin n'ait pas à en souffrir.

Si la maladie se prolonge, le Cantonnier produit, à la fin de chaque mois, un certificat de médecin énonçant les causes de cette maladie et constatant qu'elle entraîne une incapacité absolue de travail.

ART. 22. — Discipline. — Les Cantonniers peuvent être frappés, selon la gravité des cas, des peines disciplinaires ci-après pour inobservation du présent Règlement, absence non autorisée, inexécution des ordres reçus ou négligence apportée dans leur exécution, insubordination ou autres fautes.

A) Peines du premier degré

1° Réprimande faite par l'Agent Voyer Cantonal ;

2° Réduction d'une année de l'ancienneté dans la classe, prononcée par l'Agent Voyer d'arrondissement ;

3° Réduction de l'ancienneté dans la classe, portée par l'Agent Voyer en chef, à deux et trois années.

Ces peines entraînent, s'il y a lieu, la radiation du tableau d'avancement.

B) Peines du deuxième degré

1° Abaissement de classe ;

2° Mise en disponibilité d'office, avec privation de salaire, pendant un mois au moins et trois mois au plus ;

3° Rétrogradation (pour les Chefs Cantonniers) ;

4° Révocation.

Les peines du deuxième degré sont prononcées par le Préfet, sur la proposition de l'Agent Voyer en chef, après avis d'un Conseil de discipline siégeant au chef-lieu du département.

Le Conseil de discipline est composé de : l'Agent Voyer en chef, Président ; l'Agent Voyer d'arrondissement ; un Agent Voyer Cantonal autre que le Chef de service du Cantonnier mis en cause et de deux collègues de celui-ci choisis sur une liste de quatre membres élus pour deux ans par les Cantonniers du Service vicinal dans les formes qui seront déterminées par l'Agent Voyer en chef.

Toute délibération, pour être valable, doit être prise par trois membres au moins ; en cas de partage des voix, celle du Président est prépondérante. Le Cantonnier incriminé est informé des griefs articulés contre lui et peut, sur sa demande, prendre connaissance des pièces relatives à l'inculpation ; il est admis à présenter sa défense devant le Conseil qui statue ensuite hors de sa présence.

La nomination des membres du Conseil de discipline est faite par le Préfet, sur la proposition de l'Agent Voyer en chef ; en cas d'empêchement d'un ou de plusieurs de ces membres, il peut être pourvu à leur remplacement par décision préfectorale.

Les frais de déplacement des Cantonniers membres du Conseil sont remboursés aux intéressés ; ils sont arrêtés par le Préfet, sur la proposition de l'Agent Voyer en chef.

Toutes les peines disciplinaires infligées sont inscrites sur le livret du Cantonnier, dans le tableau à ce destiné. Celles du premier degré prévues par les paragraphes 1º et 2º pourront être radiées du livret, après un délai minimum d'un an, si cette mesure se trouve justifiée par la conduite et la manière de servir du Cantonnier puni. La radiation sera prononcée par l'Agent Voyer en chef, sur la proposition de l'Agent Voyer d'arrondissement et mention en sera faite sur le livret.

ART. 23. — **Remise des Objets appartenant à l'Administration.** — Lorsqu'un Cantonnier quitte le service, il fait, à l'Agent Voyer Cantonal, la remise de tous les objets qui appartiennent à l'Administration. Faute par lui de se conformer à cette prescription, il est opéré, sur ce qui lui reste dû, une retenue équivalente à la valeur des objets qui n'auraient pas été remis.

CHAPITRE III

Classification. — Salaires

ART. 24. — Les Cantonniers sont divisés en cinq classes et les Chefs Cantonniers en quatre classes avec les salaires mensuels ci-après :

Cantonniers	4ᵉ classe. 337 50	Chefs Cantonniers	3ᵉ classe. 425 »
	3ᵉ — . 355 »		2ᵉ — . 450 »
	2ᵉ — . 370 »		1ʳᵉ — . 475 »
	1ʳᵉ — . 385 »		Hors — . 500 »
	Hors — . 400 »		

Ces salaires sont réduits respectivement de 16 francs pour les Cantonniers et de 20 francs pour les Chefs Cantonniers âgés de plus de 60 ans. La réduction est opérée à partir du premier jour du trimestre qui suit celui dans lequel l'intéressé atteint l'âge de 60 ans.

ART. 25. — **Avancement.** — Les avancements en classe sont accordés par le Préfet sur la proposition de l'Agent Voyer en Chef. Ils ont lieu le 1ᵉʳ Janvier de chaque année.

La hors classe et la 1ʳᵉ classe pour les Cantonniers et Chefs Cantonniers sont données exclusivement au choix aux plus méritants comptant au moins 6 années dans la classe immédiatement inférieure et dans la limite par classe des maxima ci-après :

CHEFS CANTONNIERS

En hors classe : 3/20ᵉ de l'effectif.
En 1ʳᵉ classe :   1/4   —

CANTONNIERS

En hors classe : 1/10ᵉ de l'effectif.
En 1ʳᵉ classe ;   1/5ᵉ   —

Pour les autres classes, les avancements sont prononcés à l'ancienneté et au choix, selon les règles suivantes :

1° *Avancement à l'ancienneté.* — Tout Cantonnier ou Chef Cantonnier est promu à la classe immédiatement supérieure à celle dans laquelle il est rangé lorsqu'il compte respectivement :

6 années au moins de service en 4ᵉ classe
7   —   —   3ᵉ   —

2° *Avancement au choix.* — Les plus méritants n'ayant jamais fait l'objet d'aucune mesure disciplinaire ou dont les peines inscrites sur le livret auraient été radiées et qui comptent :

2 années au moins de service en 4ᵉ classe
3 — — 3ᵉ —

peuvent bénéficier d'avancements exceptionnels à raison de 25 par an pour les Cantonniers et de 2 pour les Chefs Cantonniers.

Tous les ans, une Commission composée d'un Chef Cantonnier, d'un Agent Voyer cantonal et de l'Agent Voyer d'arrondissement se réunira, sous la présidence de ce dernier, au chef-lieu du département pour désigner les cantonniers qui, ayant le temps de service exigé, doivent être promus à l'ancienneté à une classe supérieure et pour examiner les mérites de ceux qui, se trouvant dans les conditions requises, peuvent étre proposés pour un avancement au choix.

Cette Commission, désignée par l'Agent Voyer en Chef, établira par grade et par classe, le tableau d'avancement pour l'année suivante.

Le tableau comprend, s'il y a lieu, une double liste :

1° Celle des Cantonniers inscrits à l'ancienneté, lesquels sont portés par ordre de nomination ou par ordre de promotion dans la classe inférieure ;

2° Celle des Cantonniers inscrits au choix qui figurent par ordre alphabétique.

Il y sera annexé une liste des Cantonniers ayant le temps de service réglementaire pour avancer au choix et qui doivent être maintenus dans leur situation actuelle, en raison de peines disciplinaires figurant encore sur leur livret.

Le tableau d'avancement, présenté par l'Agent Voyer en Chef, est arrêté par le Préfet et notifié ensuite à tous les Agents Voyers qui en donneront connaissance, sur leur demande, aux Cantonniers sous leurs ordres.

Nul ne peut faire l'objet d'un avancement en classe s'il ne figure sur le tableau arrêté par le Préfet.

Un recours est ouvert :

1° A tout Cantonnier contre sa non-inscription ou son classement erroné sur la liste d'ancienneté et contre les inscriptions illégales sur la liste du choix ;

2° A l'Agent Voyer en Chef contre les omissions ou les

erreurs de classement sur la liste d'ancienneté et de même contre les inscriptions illégales sur la liste du choix.

Le recours est jugé par le Préfet, l'Agent Voyer en Chef entendu dans le premier cas.

Les Agents Voyers cantonaux adresseront à l'Agent Voyer d'arrondissement, du 5 au 10 décembre, des propositions de classement qui comprendront :

1° Les Cantonniers qui ont le temps de service exigé pour être promus à l'ancienneté ;

2° Ceux qui se trouvent dans les conditions requises pour être promus exceptionnellement au choix avec, pour chacun d'eux, les renseignements nécessaires permettant d'apprécier leur aptitude et leur manière de servir ;

3° Ceux qui, bien qu'ayant le temps de service fixé, ne peuvent avancer au choix en raison de punitions figurant encore sur leur livret.

Les propositions des Agents Voyers cantonaux seront communiquées à la Commission de classement et conservées dans les archives de l'Agent Voyer d'arrondissement.

CHAPITRE IV

Retraites

ART. 26. — Les Cantonniers et les Chefs Cantonniers sont inscrits sur la liste des assurés obligatoires de la loi du 5 Avril 1910 et sont soumis aux dispositions de cette loi.

ART. 27. — Ils participent en outre à la Caisse Nationale des Retraites pour la Vieillesse au moyen de retenues opérées sur leurs salaires ; ces retenues sont versées en leur nom et collectivement par les soins d'un intermédiaire, désigné par arrêté préfectoral, et chargé de se conformer à toutes les prescriptions imposées par les lois, règlements et instructions qui régissent cette Caisse.

ART. 28. — Ces retenues sont fixées ainsi qu'il suit :

1° Pour les Cantonniers, à 144 francs par an et à raison de 16 francs sur les salaires des mois de janvier, février, mars, avril, mai, juin, septembre, octobre et novembre.

2° Pour les Chefs Cantonniers, à 240 francs par an, soit à

20 francs par mois à retenir, à raison de 24 francs sur chacun des mois de janvier, février, mars, avril, mai, juin, août, septembre, octobre et novembre.

ART. 29. — Les retenues effectuées pendant les cinq premiers mois de l'année, sont réunies et versées avant le 30 juin suivant, et celles qui sont faites pendant les autres mois sont versées avant le 31 décembre.

Elles sont inscrites en totalité au compte du déposant, s'il est célibataire, veuf, divorcé ou séparé de biens, et par moitié à son compte et à celui de sa femme, s'il est marié.

Pour cette raison, le montant total des retenues effectuées en vue de chaque versement doit être un nombre entier et pair, lequel est obtenu en modifiant au besoin le taux de la dernière retenue.

ART. 30. — En vue d'augmenter les rentes viagères produites par les versements ci-dessus indiqués, le département effectue chaque année, par les soins de l'intermédiaire, un versement supplémentaire :

De 12 francs au compte des Cantonniers célibataires ;

De 24 francs au compte des Cantonniers mariés, dont moitié sur la tête de la femme.

Pour les Chefs Cantonniers, ces chiffres sont portés respectivement à 15 et 30 francs.

Les Cantonniers et Chefs Cantonniers veufs, divorcés ou séparés de biens et sans enfants sont traités comme les célibataires.

Les Cantonniers et les Chefs Cantonniers qui entrent en service ou qui le quittent dans le cours de l'année, n'ont droit au sacrifice départemental qu'à raison de 2 francs pour chacun des mois sur le salaire desquels ils ont subi une retenue en vue de leur retraite ; cette allocation est réduite à 1 franc pour les célibataires.

ART. 31. — Tous les versements effectués provenant des retenues opérées sur les salaires ou du sacrifice départemental sont faits à capital aliéné et l'âge d'entrée en jouissance de la rente viagère est fixé pour tous les Cantonniers ou Chefs Cantonniers à 60 ans, et pour leur femme à un âge qui, sans être inférieur à 50 ans, soit fixé de façon que la pension des deux conjoints puisse être liquidée à la même époque, à six mois près. Les déclarations sont établies de façon que la date d'entrée en jouissance de la pension de la femme soit fixée au plus trois mois avant ou six mois après celle du mari.

ART. 32. — Bien que l'âge pour la liquidation de la pension soit fixé à 60 ans, les Cantonniers et Chefs Cantonniers reconnus aptes à faire encore convenablement leur service après cet âge, peuvent être maintenus en fonctions jusqu'à 65 ans, mais alors l'entrée en jouissance de leur pension est ajournée obligatoirement à l'âge de 65 ans.

Trois mois au moins avant l'expiration de sa soixantième année, chaque intéressé fait connaître par écrit à l'Administration s'il désire cesser ses fonctions à 60 ans ou si, au contraire, il préfère être maintenu jusqu'à 65 ans.

Le Cantonnier maintenu en fonctions après 60 ans, dont la liquidation de la rente viagère est obligatoirement ajournée, n'est plus soumis aux retenues réglementaires et ne profite plus des bonifications prévues à l'article 30 à partir du premier jour du trimestre qui suit celui dans lequel l'intéressé atteint l'âge de 60 ans. Il peut obtenir la liquidation de sa pension à toute année d'âge accomplie de 60 à 65 ans.

La cessation définitive des fonctions a lieu, obligatoircment, le 1er juin qui suit l'expiration de la soixantième ou de la soixante-cinquième année suivant le cas. Toutefois, le Cantonnier dont la femme ne jouira pas encore de sa pension lorsqu'il aura atteint 65 ans, pourra être conservé en fonctions après cet âge et jusqu'au jour de la liquidation de la retraite de son épouse, sous la condition expresse qu'en conformité du premier alinéa du présent article, il sera reconnu apte à faire encore convenablement son service.

ART. 33. — Les livrets délivrés par la Caisse Nationale des retraites et qui constatent toutes les opérations effectuées sont conservés par l'intermédiaire et ne sont remis que sur récépissé aux intéressés qui ont cessé leurs fonctions.

ART. 34. — Les Cantonniers et les Chefs Cantonniers reçoivent, ainsi que leurs femmes, de la Caisse des Dépôts et Consignations, par application de l'article 2 de la loi du 5 août 1918, un bulletin annuel de situation de compte, indiquant les versements reçus pendant l'année, ainsi que les rentes produites par ces versements, rappelant la situation du précédent bulletin et donnant la nouvelle situation.

CHAPITRE V

Indemnités

ART. 35. — **Résidence.** — Des indemnités sont allouées aux Chefs Cantonniers et aux Cantonniers résidant dans certaines communes ; elles sont accordées par décision préfectorale décomptées par journée de travail (1/25ᵉ) et payées mensuellement aux ayants droit par addition au salaire.

ART. 36. — **Déplacements.** — Pour leur service ordinaire les Chefs Cantonniers reçoivent une indemnité de déplacement de 12 fr. par mois, soit de 0 fr. 48 par journée de travail.

Le Chef Cantonnier qui, en cas d'empêchement du titulaire, est momentanément chargé du service ordinaire d'un cantonnement voisin, reçoit l'indemnité de déplacement, afférente à ce cantonnement, laquelle cesse d'être payée au titulaire.

Les Chefs Cantonniers occupés en dehors de leur cantonnement pendant plusieurs jours consécutifs, à des études, peintures de ponts métalliques et surveillance de travaux d'art, reçoivent une indemnité extraordinaire quotidienne de 0 fr. 75 lorsqu'ils sont appelés à une distance supérieure à 5 kilomètres de leur résidence et de 1 fr. 50 si cette distance excède 8 kilomètres. Cette allocation n'est due aux Chefs Cantonniers bénéficiant d'indemnité pour bicyclette que si les distances à parcourir sont respectivement supérieures à 8 kilomètres et à 12 kilomètres.

Les Cantonniers travaillant hors de leur station à plus de 3 kilomètres de leur résidence reçoivent une indemnité quotidienne de 1 franc, laquelle augmentera de 0 fr. 50 pour chaque kilomètre parcouru au-delà de cette distance.

Tous les Cantonniers employés à des rechargements en vue de cylindrages à vapeur et les Chefs Cantonniers chargés de la surveillance de ces rechargements et de leur compression, ont droit à une indemnité extraordinaire de 1 fr. 50 par jour, laquelle augmentera de 0 fr. 50 pour chaque kilomètre parcouru au-delà du 3ᵉ.

Ces diverses indemnités seront payées aux intéressés par addition au salaire mensuel.

ART. 37. — Découchers. — Lorsque des Chefs Cantonniers ou Cantonniers devront être occupés pendant plusieurs jours consécutifs sur un chantier situé à plus de 8 kilomètres de leur résidence, ils pourront être autorisés à découcher ; dans ce cas, l'indemnité extraordinaire de déplacement sera remplacée pour chaque découcher effectif, par une allocation de 11 fr. 50 pour les Chefs Cantonniers et 10 fr. pour les Cantonniers, à payer par addition au salaire mensuel. Les Chefs Cantonniers qui bénéficient d'une indemnité de bicyclette n'ont droit à cette allocation que si la distance excède 12 kilomètres.

L'autorisation de découcher sera accordée par l'Agent Voyer d'arrondissement.

Les dispositions du présent article ne seront pas applicables pour les surveillances permanentes d'ouvrages d'art importants pour lesquelles le prix de la journée du surveillant sera fixé par l'Administration dans chaque cas particulier.

ART. 38. — Outils. — Il est alloué à chaque Cantonnier entrant en fonctions une somme de 50 fr., à charge par lui de se pourvoir des outils énumérés à l'article 14.

Cette allocation est payée à raison de 25 fr. par an en addition au salaire du premier mois de chacune des deux premières années.

ART. 39. — Vélocipèdes. — Les Chefs Cantonniers utilisant, pour les besoins du service, un vélocipède leur appartenant ont droit à une indemnité annuelle de 180 fr. qui est décomptée à raison de 15 fr. par mois et payée par addition au salaire mensuel.

Le possesseur d'un vélocipède mis en service ou cessant d'être utilisé dans le cours d'un mois a droit à l'indemnité mensuelle entière.

ART. 40. — Nombreuses familles. — Les Chefs Cantonniers et les Cantonniers pères d'enfants vivants âgés de moins de 14 ans ont droit à des indemnités mensuelles de : 30 fr. par enfant pour les deux premiers et 45 fr. par enfant pour chacun des suivants.

Ces indemnités sont décomptées par jour de travail (1/25°)

et payées en addition au salaire mensuel ; elles sont liquidées d'après la situation des ayants droit au 1er jour du mois.

ART. 41. — Service militaire. — Il est alloué à tout Cantonnier ou Chef Cantonnier appelé sous les drapeaux pour une période d'instruction militaire, une indemnité égale à la moitié de son salaire, s'il est célibataire ou veuf sans enfants ; à la totalité de ce salaire, s'il est marié ou veuf avec enfants à sa charge.

ART. 42. — Accidents. — Pour les accidents dont les Cantonniers seraient victimes à l'occasion de leur service, il est fait application des lois, décrets et arrêtés ministériels, en vigueur ou à intervenir, concernant les ouvriers occupés dans les chantiers des chemins vicinaux, notamment de la loi du 9 avril 1898.

ART. 43. — Maladies. — Pour les maladies qui surviendraient aux cantonniers pendant la durée de leur service, il est fait application des dispositions ci-après :

A) Les cantonniers, qu'ils soient traités à l'hôpital ou à leur domicile, cessent de percevoir un salaire pendant la durée de l'interruption forcée de leur service.

Au maximum, pendant un an, ils ont droit à un secours égal à l'ensemble formé par leur demi salaire et, s'il y a lieu, les indemnités familiale et de résidence. Ce secours n'est accordé aux Cantonniers soignés à l'hôpital que s'ils sont mariés ou ont des charges de famille

B) Le point de départ de la maladie et la durée de l'interruption obligée du travail sont constatés par des certificats de médecins agréés par M. le Préfet.

<hr>

CHAPITRE VI

Prescriptions diverses

ART. 44. — Les dispositions qui précèdent, sauf en ce qui concerne l'art. 22 et les chapitres 3 à 5, peuvent être appliquées aux Cantonniers des chemins vicinaux ordinaires en vertu d'arrêtés spéciaux de MM. les Maires.

ART. 45. — Le présent règlement, dressé en exécution de l'article 176 de l'instruction générale du 6 décembre 1870, sera imprimé sous forme de brochure et en assez grand nombre pour que chaque Chef Cantonnier ou Cantonnier en soit pourvu d'un exemplaire qui devra toujours accompagner le carnet ou le livret et être conservé avec le plus grand soin.

ART. 46 — Des exemplaires de ce règlement seront remis aux Agents Voyers chargés d'en assurer l'exécution, chacun dans l'étendue de son service.

ART. 47. — Le règlement du 21 décembre 1911 est abrogé.

Dressé et présenté
par l'Agent Voyer en Chef soussigné,

Troyes, le 15 Octobre 1924.

M. Blonde.

Vu, approuvé et rendu exécutoire
à partir du 1ᵉʳ Janvier 1925.

Troyes, le 16 octobre 1924.

Le Préfet,

G. Rémyon.

IMPRIMERIE TROYENNE. — TROYES